똑똑한 유아독해

1단계

1 생활글

- 메시지, 안내문, 절차문, 목록, 설명서로 쓰인 생활글을 읽습니다.

- 생활글의 중심 내용을 파악하는 독해 훈련을 합니다.

- 중심 내용을 파악하면 무엇에 대한 글인지 알 수 있습니다.

내 이름: _____

웅진주니어

독해력은 사고력과 학습 능력의 핵심

 독해력이란 무엇일까요?

독해는 단순히 글자를 읽는 것이 아닙니다. 글을 읽으면서 글에 담긴 뜻과 맥락적 의미를 이해하는 것입니다. 독해력이란 글의 의미를 빠르고 정확하게 파악하는 능력으로, 독해력을 키우면 책을 읽는 속도뿐만 아니라 다방면의 학습 능력이 향상됩니다. 그런데 독해력은 책을 무조건 많이 읽는 것보다, 글을 제대로 읽고 이해하는 훈련을 통해 길러집니다.

 왜 유아에게 독해력이 중요할까요?

하나, 어릴 때부터 책을 즐겨 읽게 됩니다.

책을 읽으면서 기쁨과 슬픔을 느끼고 감동을 얻으려면 단순히 글자를 읽는 것이 아니라 글자와 문장에 담긴 뜻을 정확히 파악할 수 있어야 합니다. 즉, 독해력이 밑받침되지 않으면 책을 읽는 것 자체가 매우 지루하고 고통스런 행위가 될 수밖에 없습니다. 이렇게 책 읽는 즐거움을 느끼지 못하는 아이는 점점 책을 멀리하고, 그에 따라 독해력은 더 떨어지는 악순환이 거듭됩니다.

둘, 낱말에 대한 흥미를 키워 어휘력이 발달합니다.

글을 읽고 내용을 이해하는 과정에서 한 낱말의 다양한 쓰임새와 여러 낱말들 간의 상관관계를 자연스럽게 익히므로 어휘력이 향상됩니다. 낱말에 대한 새로운 발견은 곧 낱말로 이루어진 글에 흥미를 불러일으키며, 어렵고 낯선 낱말과 문장에 도전할 수 있는 자신감을 키워 줍니다. 이렇게 낱말에 대한 흥미와 자신감을 가진 아이는 독서에 많은 관심을 보이며 발표력도 좋아집니다.

셋, 사고력을 길러 주고 의사소통 능력을 향상시킵니다.

눈으로는 글과 그림을 보고, 입으로는 크게 소리 내어 읽고, 귀로는 그 소리를 들으면서 아이는 머릿속으로 글의 내용을 파악하게 됩니다. 이러한 종합적인 자극과 사고 활동은 대뇌와 연결되어 사고력을 향상시키며, 다양한 의사소통 능력을 길러 줍니다.

넷, 독해력은 공부하는 능력의 핵심입니다.

모든 공부는 읽기에서 시작됩니다. 수학이나 과학도 지식의 내용을 정확히 이해하지 못하면 문제를 제대로 해결할 수 없습니다. 독해력은 공부하는 능력의 핵심이기 때문입니다. 따라서 독해력이 부족한 아이는 공부하는 능력과 학업 성취도가 떨어질 수밖에 없습니다.

이 책은 무엇이 좋을까요?

● **유아의 독해력 기초를 잡아 주는 길잡이가 됩니다.**

- 유아가 일상생활 속에서 글을 접하는 환경(광고지, 포스터, 이야기책, 지식책 등)을 고려하여 글을 선정했습니다.

- 성격이 비슷한 글(생활글, 이야기글, 지식글)끼리 묶어 구성했습니다.

- 글에 알맞은 읽기 전략을 통해 올바른 독해 방법을 훈련합니다.

- 독해 단계에 맞추어 체계적으로 학습할 수 있습니다.

제시문을 읽기 전	• 낭독하기를 통해 독해 학습을 준비합니다. • 그림을 보면서 글 내용에 대해 상상하고 배경지식을 끄집어내어 사고를 활성화시킵니다.

↓

제시문을 읽는 동안	• 눈으로 보고, 입으로 크게 소리 내어 읽고, 귀로 들으면서 글 내용에 집중합니다.

↓

제시문을 읽은 뒤	• 읽기 전략에 따른 독해 활동을 통해 제시문의 내용을 파악합니다. • 글을 반복해 읽으면서 자연스럽게 글 내용을 기억합니다.

- 학습을 모두 끝내면 평가를 통해 아이의 학습 성취도를 곧바로 확인할 수 있습니다.

● **다양한 글에 흥미를 갖게 되어 폭넓은 독서의 기틀이 마련됩니다.**

- 아이가 평소에 흔히 접하는 글에 관심을 갖게 합니다.

- 주위 사람들과 대화할 수 있는 이야깃거리를 제공하여 의사소통의 길잡이가 됩니다.

- 다양한 소재의 글을 통해 주변 사물과 현상에 대해 호기심을 갖게 합니다.

● **유아의 개인차를 고려하여 수준별 학습을 할 수 있습니다.**

- 총 3단계 학습 과정을 아이의 수준에 따라 자율적으로 조절할 수 있습니다.

- 초등학교 1학년 교과 과정과 연계된 교재로, 학교 입학 후 빨리 적응할 수 있습니다.

김용한

서울초등국어교과교육연구회 회장 역임

(전)서울 신서초등학교 교장

한국글짓기지도회 회장 역임

5, 6차 국어과 교육 과정 심의 위원, 교과서 및 교사용 지도서 집필

7차 국어과 교과서 연구 위원

7차 개정 국어 교과서 심의 위원

이 책의 구성, 꼼꼼 들여다보기

낭독하기

좋은 시와 산문을 크게 소리 내어 여러 번 읽습니다. 1단계에서는 떡볶이, 방귀와 같은 친근한 소재의 글을 실었습니다. 학습을 시작할 때는 항상 낭독하기 활동부터 하도록 이끌어 주시고, 활동을 끝낸 뒤에는 아이와 함께 붙임 딱지를 붙이면서 많이 칭찬하고 격려해 주세요.

● **또박또박 읽기**

동시를 큰 소리로 또박또박 읽도록 해 주세요.

● **바르게 읽기**

발음에 주의하면서 글을 정확하게 읽도록 해 주세요. 특히 예시로 제시된 발음은 조금 더 주의해서 읽게 해 주세요.

● **느낌 살려 읽기1**

모양과 소리를 흉내 내는 말의 느낌을 충분히 살리며 읽도록 해 주세요.

● **느낌 살려 읽기2**

누군가와 이야기를 나누듯 자연스럽게 읽도록 해 주세요.

들어가기

영역별로 어떤 내용을 담고 있는지 한눈에 살펴볼 수 있습니다. 1단계는 메시지, 안내문, 절차문, 목록, 설명서로 이루어졌습니다. 각 영역에 해당하는 내용을 살펴보면서 아이가 접해 본 적이 있는 글에 대해 함께 이야기를 나누며 재미와 호기심을 느낄 수 있도록 이끌어 주세요.

제시문과 독해 활동

1단계에서는 영역별로 8개의 제시문이 나오며, 하나의 제시문을 읽고 1~2개의 독해(글을 읽고 내용 파악하기) 문제를 풀어 봅니다. 모든 활동이 끝난 뒤에는 아이와 함께 '참 잘했어요!' 붙임 딱지를 붙이면서 많이 칭찬해 주세요.

제목

제시문의 중심 글감이나 서식을 나타냅니다.

제시문

1단계 제시문은 독해를 처음 해 보는 아이들이 쉽게 읽을 수 있도록 한 문장의 길이를 짧게 하고, 글도 4~7줄 정도로 구성했습니다. 제시문을 읽기 전에 그림을 보면서 제시문의 내용을 상상해 본 뒤, 소리 내어 읽도록 합니다.

독해 활동

독해력을 기르려면 글을 제대로 읽는 방법을 반복해서 훈련해야 합니다. 생활글의 독해에서는 누가 쓰거나 보낸 글인지, 글감이 무엇인지, 글의 중심 내용과 세부 내용이 무엇인지를 파악하는 것이 중요합니다. 1단계는 독해의 기초 단계이므로 생활글의 다양한 서식에 따라 중심 내용을 파악하는 문제를 통해 독해하는 방법을 훈련합니다.

되짚어 보기

5개의 영역별로 1개씩의 제시문을 읽고, 독해 문제를 풀어 보면서 앞에서 학습한 독해 능력을 스스로 평가합니다.

동생이랑 나는

박소명

엄마
있을 땐
토닥토닥
싸우고,

엄마
없을 땐
꼬옥 껴안고
잠들고.

떡볶이

김성은

은지는 떡볶이가 먹고 싶어요.
엄마 등에 손가락으로 '떡볶이'라고 썼어요.
엄마가 빙그레 웃어요.
은지 등에 손가락으로 '그래'라고 썼지요.
은지는 엄마가 만들어 준 떡볶이가
세상에서 제일 맛있어요.

※ 바르게 읽기
떡볶이 [떡뽀끼]
손가락 [손까락]

방귀

신현림

아빠 방귀 우르르 쾅 천둥 방귀
엄마 방귀 가르르릉 쾅 고양이 방귀
내 방귀 삘리리리 피리 방귀

「초코파이 자전거」비룡소, 신현림

느낌 살려 읽기

이야기하듯이 글을 읽어 보세요.

우리 집 동물원

김성은

우리 집은 동물원 같아요.
아빠는 따가닥따가닥 말이에요.
"준이야, 말 태워 줄까?"
엄마는 폭신폭신 코알라예요.
"준이야, 업어 줄까?"
나는 귀여운 아기 곰이에요.
"아함, 졸려요."

1

메시지

다른 사람에게 말하고 싶은
내용이 쓰여 있어요.

참 잘했어요!

엄마, 내가 엄마를
얼마나 사랑하는지 알죠?
장난감과 책은 제가
잘 정리해 놓았어요.

민재 올림

큰 소리로 글을 읽고, 물음에 답하세요.

참 잘했어요!

사랑하는 송이야!
다섯 살 생일 축하해.
우리 송이가 벌써 다섯 살이
되었구나.
생일 선물은 노란 장화야.
송이 마음에 들었으면 좋겠다.

아빠와 엄마가

1 누가 송이에게 보낸 카드인가요? 알맞은 사람에 ⭕ 하세요.

아빠와 엄마

할아버지와 할머니

2 송이의 몇 살 생일인가요? 알맞은 수만큼 초를 색칠하세요.

소원 카드

산타 할아버지, 안녕하세요?
제 이름은 김철우예요.
이번 크리스마스 선물로
칙칙폭폭 소리 나는 기차를
꼭 받고 싶어요.

1 철우가 누구에게 보낸 카드인가요? 알맞은 사람에 붙임 딱지를 붙이세요.

 친구

 산타 할아버지

2 철우가 받고 싶은 선물은 무엇인가요? 선물 상자 안에 그림을 그리고, 글자를 따라 쓰세요.

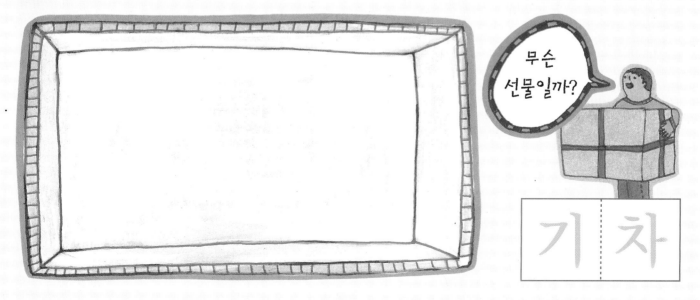

무슨
선물일까?

기 차

13

큰 소리로 글을 읽고, 물음에 답하세요.

참 잘했어요!

안녕하세요?
송이 엄마예요.
어제 텃밭에서
고구마를 캤어요.
고구마를 조금 보냅니다.
맛있게 드세요.

1 무엇을 보낸다는 쪽지인가요? 알맞은 것에 ◯ 하세요.

옥수수

고구마

2 송이 엄마는 고구마가 어디에서 났다고 했나요? 알맞은 것에 ◯ 하세요.

시장에서 샀어요.

텃밭에서 캤어요.

엄마의 쪽지

선생님,
준호 감기약을 보냅니다.
점심 먹고 나서
꼭 먹여 주세요.
물약을 두 숟가락
주시면 됩니다.

준호 엄마 드림

1 누가 선생님에게 보낸 쪽지인가요? 알맞게 줄로 이으세요.

 준호 아빠 •

 • 선생님

 준호 엄마 •

2 물약을 얼마만큼 주라고 했나요? 알맞은 수만큼 숟가락을 색칠하세요.

 ......

15

큰 소리로 글을 읽고, 물음에 답하세요.

잠깐!
연지야, 손은 씻었니?
간식을 먹기 전에 꼭!
밥을 먹기 전에 꼭!
손을 씻자!

엄마가

1 무엇을 알리는 쪽지인가요? 알맞은 것에 〇 하세요.

음식을 먹기 전에 손을 씻자.

간식을 많이 먹자.

2 누가 연지에게 쓴 쪽지인가요? 알맞은 사람에 〇 하고, 글자를 따라 쓰세요.

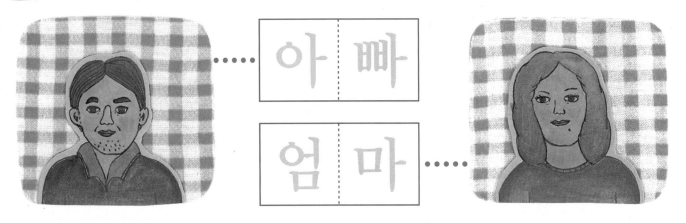

아빠

엄마

꽃집의 메모

참 잘했어요!

잠깐 나갔다 올게요.
꽃집은 잠시 문을 닫습니다.
꽃바구니는 옆집 슈퍼마켓에
맡겼습니다.

1 무엇을 알리는 메모인가요? 알맞은 것에 ◯ 하세요.

꽃집이 이사를 해요.

꽃집이 잠시 문을 닫아요.

2 꽃바구니는 어디에 맡겼나요? 알맞은 것에 붙임 딱지를 붙이세요.

17

큰 소리로 글을 읽고, 물음에 답하세요.

참 잘했어요!

오후 7:00

보람아,
엄마가 내일
집으로 돌아간단다.
아빠랑 기차역에
나올 거지? 내일 보자!

엄마가

1 보람이는 엄마를 만나러 어디로 가야 하나요? 알맞은 것에 붙임 딱지를 붙이고, 글자를 따라 쓰세요.

| 기 | 차 | 역 |

| 공 | 항 |

삼촌의 문자 메시지

큰 소리로 글을 읽고, 물음에 답하세요.

참 잘했어요!

동이야,
예쁜 동생이
태어난 걸 축하해!
동이는 멋진 오빠가
될 거야.

삼촌이

1 누가 동이에게 보낸 문자 메시지인가요? 알맞게 줄로 이으세요.

삼촌 •

이모 •

• 동이

2 무엇을 축하하는 글인가요? 알맞은 것에 ◯ 하세요.

예쁜 동생이 태어났어요.

유치원에 입학했어요.

안내문

여러 사람에게 널리 알리려는
내용이 쓰여 있어요.

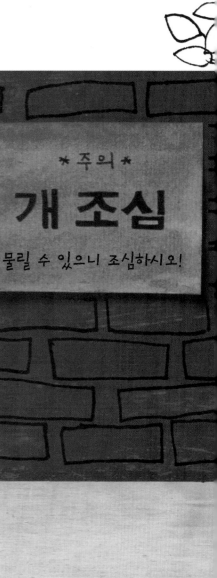

* 주의 *

개 조심

물릴 수 있으니 조심하시오!

참 잘했어요!

깨비깨비 놀이 나라

재미있는 장난감과
신 나는 놀이 기구가 가득한
유아 실내 놀이터!

5세, 6세, 7세 어린이만
이용할 수 있습니다.

1 무엇을 알리는 글인가요? 알맞은 것에 붙임 딱지를 붙이세요.

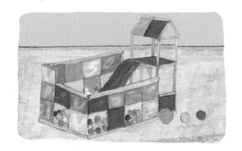

실내 놀이터

실내 수영장

2 실내 놀이터를 이용할 수 있는 어린이를 모두 찾아 ◯ 하세요.

난 7세.

난 2세.

난 5세.

난 10세.

누리 마을 꽃 전시회

우리나라에서 피는 온갖 꽃들을
보러 오세요.

언제 : 4월 1일~3일
어디서 : 새봄 공원

1 무엇을 알리는 글인가요? 알맞은 것에 붙임 딱지를 붙이고, 글자를 따라 쓰세요.

| 공 | 룡 | 전시회

| 꽃 | 전시회

참 잘했어요!

이를 잘 닦자!

이가 썩지 않으려면,
아침을 먹고 나서
점심을 먹고 나서
저녁을 먹고 나서
하루에 세 번 이를 닦아요.

1 언제 이를 닦아야 하나요? 알맞은 것에 모두 붙임 딱지를 붙이세요.

아침을 먹고 나서

모래 놀이를 하고 나서

저녁을 먹고 나서

텔레비전을 보고 나서

큰 소리로 글을 읽고, 물음에 답하세요.

새로 나온 단호박 케이크

몸에 좋은 단호박에 생크림을
넣어 부드럽고 고소한 맛!
아이들 간식으로 최고예요.

맛나 빵집

1 무엇을 알리는 글인가요? 알맞은 것을 골라 색칠하세요.

단호박 케이크가 새로 나왔어요.

호박죽이 새로 나왔어요.

2 단호박 케이크는 어디에서 살 수 있나요? 알맞은 것을 찾아 길을 따라가세요.

좋은 서점

맛나 빵집

지하철 자동문 조심!

• 문에 몸을 기대지 마세요.
• 손으로 문을 열지 마세요.
• 문이 닫힐 때 뛰어내리지 마세요.

1 지하철 자동문을 바르게 사용하면 □ 안에 ○표, 잘못 사용하면 ✕표 하세요.

손으로 문을 열어요.

문이 다 열리면 내려요.

문에 몸을 기대요.

문이 닫힐 때 뛰어내려요.

큰 소리로 글을 읽고, 물음에 답하세요.

한복

설날이 다가옵니다.
내일 유치원에서 한복을 입고
세배하는 방법을 배웁니다.
아이의 한복을 보내 주세요.

1 내일 유치원에서 무엇을 배우나요? 알맞은 것에 ◯ 하세요.

팽이 치는 방법

세배하는 방법

2 내일 유치원에 가져가야 할 것은 무엇인지 말해 보세요. 또 선대로 접어 확인하세요.

신호등이 초록색으로 바뀌면 건너요.

──── 오리는 선   － － － 안으로 접는 선

큰 소리로 글을 읽고, 물음에 답하세요.

참 잘했어요!

횡단보도 안전하게 건너기

- 신호등이 초록색으로 바뀌면 건너요.
- 오른쪽 왼쪽을 잘 살펴 차가 멈춰 섰는지 확인해요.
- 손을 들고 횡단보도를 건너요.

1 무엇을 알리는 글인가요? 알맞은 것에 ○ 하세요.

다리 안전하게 건너기

횡단보도 안전하게 건너기

2 횡단보도는 어떨 때 건너야 하는지 말해 보세요. 또 선대로 접어 확인하세요.

한복

- - - 안으로 접는 선

큰 소리로 글을 읽고, 물음에 답하세요.

참 잘했어요!

동물원에서 지켜야 할 일

- 시끄럽게 소리를 지르지 않아요.
- 돌멩이나 물건을 던지지 않아요.
- 과자나 사탕을 주지 않아요.

1 어디에서 볼 수 있는 글인가요? 알맞은 것에 ⬭ 하세요.

놀이 공원

동물원

2 동물원에서 지켜야 할 일을 지키지 않은 어린이들 모두에게 붙임 딱지를 붙이세요.

가만히 구경해요.

소리를 질러요.

과자를 주어요.

3

절차문

일의 순서와 방법이
차례대로 쓰여 있어요.

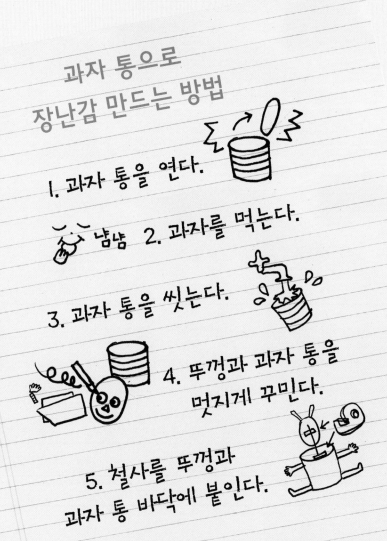

과자 통으로
장난감 만드는 방법

1. 과자 통을 연다.

냠냠 2. 과자를 먹는다.

3. 과자 통을 씻는다.

4. 뚜껑과 과자 통을
멋지게 꾸민다.

5. 철사를 뚜껑과
과자 통 바닥에 붙인다.

큰 소리로 글을 읽고, 물음에 답하세요.

허수아비 체조

❶ 두 발을 모아요.

❷ 두 팔을 벌려요.

❸ 한쪽 다리를 들어요.

1 어떤 체조를 하는 순서인가요? 알맞은 것에 ⭕ 하세요.

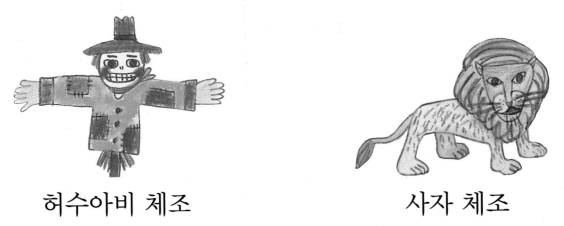

허수아비 체조   사자 체조

2 허수아비 체조를 하는 순서대로 알맞은 붙임 딱지를 붙이세요.

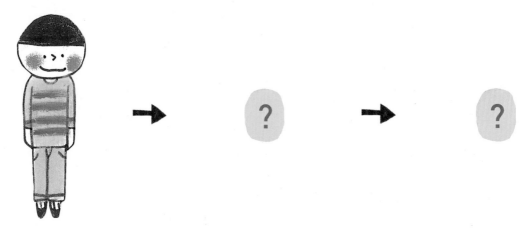

32

샌드위치 만들기

맛 좋은 샌드위치

① 식빵에 잼을 발라요.

② 달걀 부침을 얹어요.

③ 치즈 한 장을 올려요.

④ 식빵으로 덮어서 꾹 눌러요.

1 샌드위치를 만드는 순서에서 두 번째로 해야 할 일을 골라 ◯ 안을 색칠하세요.

식빵으로 덮어서 꾹 눌러요.

치즈 한 장을 올려요.

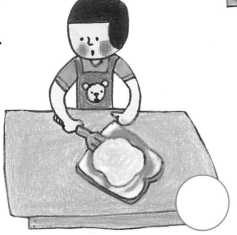

달걀부침을 얹어요.

유치원에서 할 일

큰 소리로 글을 읽고, 물음에 답하세요.

유치원에 오면 할 일

❶ 신발을 벗어 신발장에 넣어요.

❷ 가방을 벗어 사물함에 넣어요.

❸ 겉옷을 벗어 옷걸이에 걸어요.

1 유치원에 오면 할 일의 순서대로 알맞은 붙임 딱지를 붙이세요.

화장실 이용하기

화장실 이용

❶ '똑똑' 소리 나게 문을 두드려요.

❷ 대변이나 소변을 봐요.

❸ 손잡이를 당겨 물을 내려요.

❹ 손을 깨끗이 씻어요.

1 화장실에서 가장 마지막에 해야 할 일을 골라 ○ 안을 색칠하세요.

손잡이를 당겨 물을 내려요.

손을 깨끗이 씻어요.

'똑똑' 소리 나게 문을 두드려요.

35

사탕 기계

❶ 구멍에 오백 원짜리 동전을 넣어요.

❷ 손잡이를 화살표 방향으로 돌려요.

❸ 덮개를 열고 사탕을 꺼내요.

1 무엇을 이용하는 순서인가요? 알맞은 것에 ⭕ 하세요.

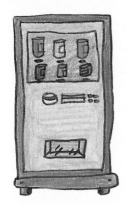 음료수 기계

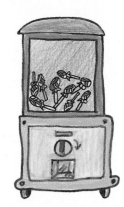 사탕 기계

2 사탕 기계를 이용하는 순서대로 알맞은 붙임 딱지를 붙이세요.

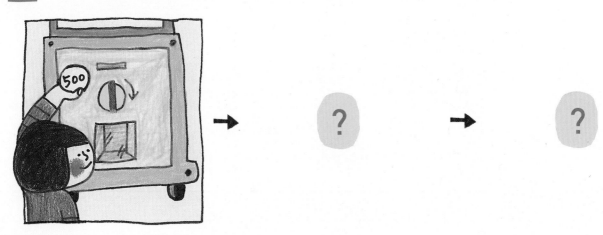

두꺼비 집 짓기

참 잘했어요!

두꺼비 집

❶ 모래에 한 손을 넣어요.

❷ 다른 손으로 모래를 덮으며 두드려요.

❸ 모래가 단단해지면 손을 살살 빼내요.

1 무엇을 하는 순서인가요? 알맞은 것에 ⬭ 하세요.

두꺼비 집 짓기

모래 공 만들기

2 두꺼비 집을 지을 때 가장 마지막에 해야 할 일에 ⬭ 하세요.

모래에 손을 넣어요.

모래를 두드려요.

손을 살살 빼내요.

큰 소리로 글을 읽고, 물음에 답하세요.

참 잘했어요!

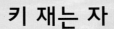

키 재는 자

❶ 신발을 벗는다.

❷ 발판 위에 올라가 똑바로 선다.

❸ 막대기가 머리에 닿을 때까지 기다린다.

❹ 화면에 나타난 숫자를 읽는다.

1 무엇을 하는 순서인가요? 알맞은 것에 ◯ 하세요.

몸무게 재기

키 재기

2 키를 재는 순서에 알맞게 (　　) 안에 숫자를 쓰세요.

(1)　　　　　　(　)　　　　　　(　)

꽃씨 심기

참 잘했어요!

화분에 꽃씨 심기

① 화분 바닥에 돌멩이를 깔아요.

② 화분에 흙을 채워요.

③ 구멍을 파고 꽃씨를 심어요.

④ 흙으로 덮어 주어요.

1 무엇을 하는 순서인가요? 알맞은 것에 ○ 하세요.

화분 만들기

화분에 꽃씨 심기

2 (보기)의 그림을 잘 보고, 보기 다음 순서로 해야 할 일에 ○ 하세요.

보기

돌멩이를 깔아요.

돌 사이에 구멍을 파요.

화분에 흙을 채워요.

39

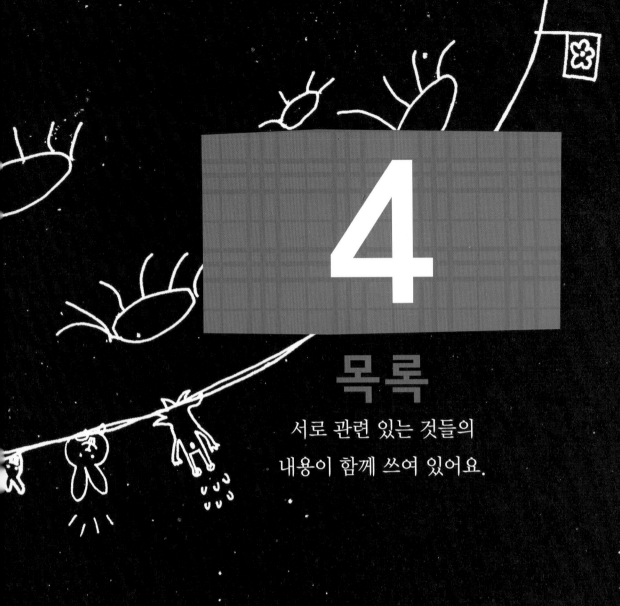

4

목록

서로 관련 있는 것들의
내용이 함께 쓰여 있어요.

줄자
달이 얼마나 큰지 재야지.

잠자리채
별을 따야지.

달나라에 갈 때 가져갈 물건

카메라
달을 찍어야지.

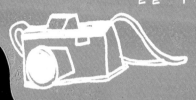

당근
토끼를 만나면
주어야지.

도시락
배고플 때 먹어야지.

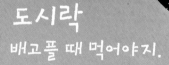

살 물건

참 잘했어요!

가게에서 살 물건

• 우유, 달걀, 사과
• 치약, 샴푸
• 양말, 잠옷, 우산

1 무엇에 대한 글인가요? 알맞은 것을 골라 색칠하세요.

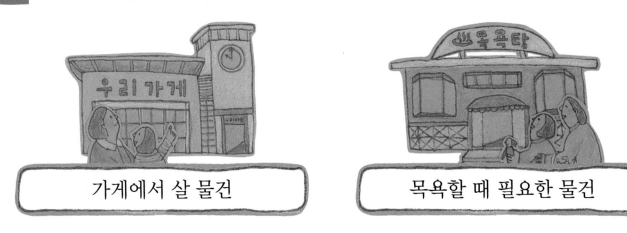

가게에서 살 물건

목욕할 때 필요한 물건

2 엄마와 수미가 가게에서 살 물건을 모두 골라 ◯ 하세요.

우유 잠옷 치약 배추 사과

우산 달걀 신발 양말 샴푸

준비물

갯벌 체험 학습 준비물

- 갈아입을 옷
- 조개를 담을 봉지
- 장화와 장갑
- 휴지

1 갯벌 체험 학습에 가져갈 준비물을 붙임 딱지에서 찾아 가방에 붙이세요.

43

참 잘했어요!

아빠 참여 수업 차례

❶ 체육 시간 – 아빠와 함께 춤추기
❷ 미술 시간 – 왕관 만들기
❸ 요리 시간 – 부침개 만들기

1 각각의 수업 시간에 무엇을 하는지 알맞게 줄로 이으세요.

| 미술 시간 | 체육 시간 | 요리 시간 |

아빠와 함께 춤추기

왕관 만들기

부침개 만들기

책의 차례

큰 소리로 글을 읽고, 물음에 답하세요.

참 잘했어요!

차례

- 성냥팔이 소녀 – 3쪽
- 미운 아기 오리 – 15쪽
- 벌거벗은 임금님 – 20쪽
- 백설 공주 – 30쪽

1 어디에 나오는 차례인가요? 알맞은 것에 ⃝ 하세요.

텔레비전

책

2 이 책에 나오는 이야기를 모두 골라 ⃝ 하세요.

백설 공주

장난감 병정

미운 아기 오리

성냥팔이 소녀

큰 소리로 글을 읽고, 물음에 답하세요.

음식 차림표

매콤한 떡볶이 – 500 원

따뜻한 고기만두 – 1000 원

조그만 꼬마 김밥 – 1000 원

1 어디에서 볼 수 있는 글인가요? 알맞은 것에 ⭕ 하세요.

도서관

음식점

2 음식 차림표에 있는 음식을 말한 아이를 모두 골라 말풍선을 색칠하세요.

날씨 예보

날씨를 알려 드립니다!

오늘	구름이 많이 끼고 흐림.
내일	하루 종일 비가 많이 내림.
모레	맑고 따뜻함.

1 내일 날씨를 그림으로 그리고, 글자를 따라 쓰세요.

비

47

큰 소리로 글을 읽고, 물음에 답하세요.

영화 안내

- 1관 – 루루의 신기한 마법 구슬
- 2관 – 가자, 공룡 나라로!
- 3관 – 깡통 로봇의 우주여행
- 4관 – 백설 공주와 일곱 난쟁이

1 무엇을 알려 주는 글인가요? 알맞은 것에 ◯ 하세요.

무슨 영화를 하는지 알려 준다.

무슨 책을 파는지 알려 준다.

2 영화관에 가면 어떤 영화를 볼 수 있나요? 알맞게 붙임 딱지를 붙이세요.

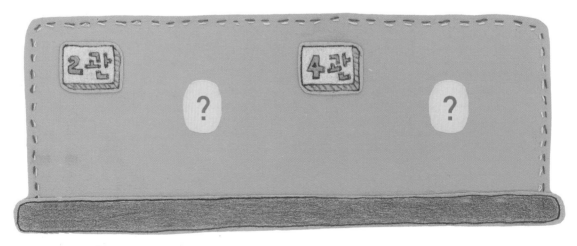

큰 소리로 글을 읽고, 물음에 답하세요.

텔레비전을 볼 때 지켜야 할 약속

• 밥을 먹으면서 보지 않는다.
• 밤 9시가 지나면 보지 않는다.
• 멀리 떨어져 앉아서 본다.

1 텔레비전을 볼 때 지켜야 할 약속을 잘 지킨 어린이 모두에게 붙임 딱지를 붙이세요.

가까이 앉아서 본다.

멀리 떨어져 앉아서 본다.

밥을 먹으면서 보지 않는다.

밥을 먹으면서 본다.

49

5

설명서

자세한 이용 방법이
쓰여 있어요.

팔 나를 꼭
안아 준다.

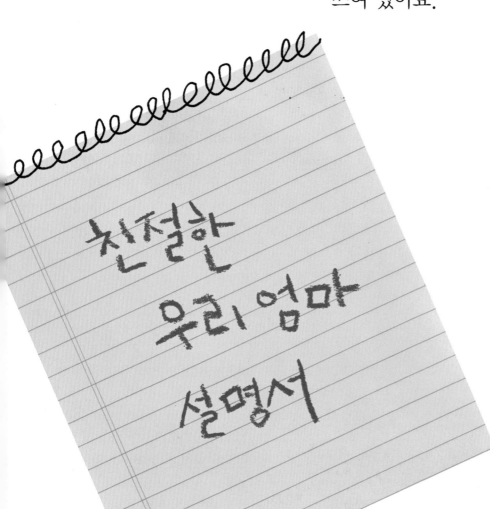

친절한
우리 엄마
설명서

등 내가 졸릴 때
업어 준다.

입 나에게 사랑한다고 말하며
뽀뽀를 해 준다.

손 내가 배고플 때
맛있는 음식을
해 준다.

다리 내가 위험할 때
달려온다.

세발자전거

세발자전거 사용법

* 움직일 때는 발로 발판을 돌린다.
* 방향을 바꿀 때는 손잡이를 돌린다.
* 소리를 낼 때는 을 누른다.

1 세발자전거 사용법을 바르게 말한 어린이를 모두 골라 ◯ 하세요.

움직일 때는 발로
발판을 돌려요.

소리를 낼 때는
을 눌러요.

방향을 바꿀 때는
을 눌러요.

장난감 마이크

큰 소리로 글을 읽고, 물음에 답하세요.

참 잘했어요!

장난감 마이크 사용법
• ⊙ 을 눌러 마이크를 켠다.
• ♣ 을 누르면 노래가 나온다.
• 소리가 작아지면 건전지를 바꾼다.

1 이럴 때는 어떻게 해야 하나요? 알맞은 것의 그림을 골라 ○ 안을 색칠하세요.

마이크 소리가 작아졌어요.

♣ 을 누른다.

건전지를 바꾼다.

⊙ 을 누른다.

장난감 사진기 사용법

* ◎을 누르면 사진이 아래로 나와요.
* ★을 누르면 다른 사진으로 바뀌어요.
* ♠을 누르면 불빛이 나와요.

1 어떤 단추를 눌러야 하나요? 알맞은 단추에 ◯ 하세요.

다른 사진을 보고 싶어요.

불빛이 나게 하고 싶어요.

사진이 아래로 나오게 하고 싶어요.

꼬마 책상 사용법

* 책상 다리를 돌려 높이를 맞추어요.
* 뚜껑을 열고, 책상 안에 물건을 넣어요.
* 뚜껑 안쪽에 사인펜으로 글씨를 써요.

1 알맞은 곳에 물건 붙임 딱지를 붙이고, 내 이름도 쓰세요.

물건을
넣어야지.

이름을
써야지.

55

큰 소리로 글을 읽고, 물음에 답하세요.

텔레비전 리모컨 사용법

* 텔레비전을 켜거나 끌 때는 **전원** 을 누른다.
* 다른 방송을 보고 싶을 때는 ◀ ▶ 을 누른다.
* 소리를 크게 할 때는 ▲,

  작게 할 때는 ▼ 을 누른다.

1 친구들이 하고 싶은 것을 하려면 무엇을 눌러야 하나요? 알맞게 줄로 이으세요.

텔레비전을
켜고 싶어요.

다른 방송을
보고 싶어요.

소리를 크게
하고 싶어요.

점토 놀잇감

점토 놀잇감 사용법

* 점토를 넓고 평평하게 할 때는 🥖 로 민다.
* 점토를 자를 때는 🔪 을 사용한다.
* 별 모양을 만들 때는 ⭐ 에 점토를 넣는다.

1 점토 놀잇감을 사용하는 모습을 보고, 완성된 모양을 골라 알맞게 줄로 이으세요.

평평하게 되었어요.

별 모양이 되었어요.

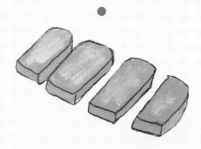

여러 조각이 되었어요.

큰 소리로 글을 읽고, 물음에 답하세요.

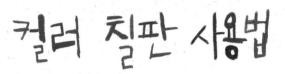

컬러 칠판 사용법

* 그림을 그릴 때는 로 그린다.

* 모양을 찍을 때는 ⭐ 로 찍는다.

* 그림을 지울 때는 ◑ 을 옆으로 민다.

---

1 ⊙보기 처럼 하려면 어떻게 해야 하나요? 알맞은 것에 ◯ 하세요.

⊙보기

그림을 그릴 때

⊙보기

모양을 찍을 때

엘리베이터

엘리베이터 사용법

* 가고 싶은 층의 숫자를 누른다.
* 문을 열 때는 ◀▶ 을 누른다.
* 문을 닫을 때는 ▶◀ 을 누른다.

1 누가 어떤 버튼을 눌러야 하나요? 알맞은 것에 붙임 딱지를 붙이세요.

59

메시지는 자신의 생각과 의견을 써서 다른 사람에게 전하는 글입니다. 1장 메시지 편에서는 축하 카드와 소원 카드, 쪽지, 메모, 문자 메시지를 다루었습니다. 메시지를 독해할 때에는 누가 누구에게 보냈는지, 무슨 말을 전하려고 했는지를 정확히 파악하는 것이 무엇보다 중요합니다. 다양한 독해 문제를 풀어 보면서 메시지의 특징에 따라 중심 내용을 파악하도록 지도해 주세요. 그리고 일상생활을 하면서 자주 보게 되는 메시지에 아이가 관심을 갖고 읽어 보도록 이끌어 주세요.

★ 12쪽

다섯 살이 된 송이에게 아빠와 엄마가 생일을 축하하기 위해 보낸 축하 카드입니다.

★ 13쪽

철우가 크리스마스 선물로 장난감 기차를 받고 싶다고 산타 할아버지에게 보낸 카드입니다.

★ 14쪽

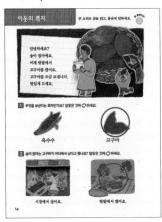

송이 엄마가 텃밭에서 캔 고구마를 이웃들과 나누며 함께 써서 보낸 쪽지입니다.

★ 15쪽

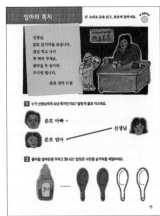

준호 엄마가 선생님에게 감기약을 보내면서 준호에게 꼭 먹여 달라고 부탁하는 쪽지입니다.

★ 16쪽

엄마가 집을 비우면서 연지에게 음식을 먹기 전에는 꼭 손을 씻으라고 당부하는 쪽지입니다.

★ 17쪽

꽃집 주인이 잠시 가게를 비우면서 손님들에게 전할 말을 적어 문 앞에 걸어 놓은 메모입니다.

★ 18쪽

엄마가 보람이에게 내일 아빠와 함께 기차역으로 마중을 나오라며 보낸 문자 메시지입니다.

★ 19쪽

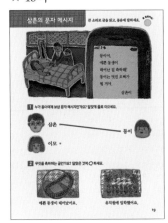

삼촌이 동이에게 예쁜 동생이 태어난 것을 축하하기 위해 보낸 문자 메시지입니다.

안내문은 어떤 내용에 대해 여러 사람에게 소개하고 알려 주는 글입니다. 2장 안내문 편에서는 실내 놀이터와 꽃 전시회, 빵집 등 아이들이 자주 이용하는 곳에서 쉽게 볼 수 있는 안내문을 다루었습니다. 안내문을 독해할 때에는 무엇을 알리려고 하는지, 어디에서 볼 수 있는 것인지를 파악하는 것이 중요합니다. 다양한 독해 문제를 풀어 보면서 안내문의 특징에 따라 중심 내용을 파악하도록 지도해 주세요. 또 신문이나 잡지, 광고 전단지, 벽보 등과 같은 안내문을 읽어 보도록 이끌어 주세요.

★ 22쪽

깨비깨비 놀이 나라가 재미있고 신 나는 유아 실내 놀이터라는 것을 널리 알리는 안내문입니다.

★ 23쪽

새봄 공원에서 누리 마을 꽃 전시회가 열린다는 것을 여러 사람에게 널리 알리는 안내문입니다.

★ 24쪽

이가 썩지 않게 하려면 언제 이를 닦아야 하는지 알려 주려고 써 놓은 안내문입니다.

★ 25쪽

맛나 빵집에서 새로 나온 단호박 케이크가 얼마나 맛있고 좋은지 알리려고 쓴 안내문입니다.

★ 26쪽

지하철 자동문을 바르게 사용하려면 어떻게 해야 하는지 널리 알리려고 써 놓은 안내문입니다.

★ 27쪽

세배하는 방법을 배울 때 필요한 한복을 준비해 보내 달라고 유치원에서 보낸 안내문입니다.

★ 28쪽

횡단보도를 안전하게 건너려면 어떻게 해야 하는지를 사람들에게 알리기 위해 쓴 안내문입니다.

★ 29쪽

동물원을 이용할 때 사람들이 꼭 지켜야 할 일이 무엇인지 알리기 위해 써 놓은 안내문입니다.

해답·부모 가이드

절차문은 일을 하는 순서와 방법이 차례대로 쓰인 글입니다. 3장 절차문 편에서는 체조하는 순서, 샌드위치를 만드는 방법, 화장실에서 지켜야 할 규칙 등 아이들이 알아두면 좋은 글을 다루었습니다. 절차문을 독해할 때에는 어떤 과정으로 일이 이루어지는지, 또 어떤 방법이 필요한지 파악하는 것이 중요합니다. 다양한 독해 문제를 풀어 보면서 절차문의 특징에 따라 중심 내용을 파악하게 지도해 주세요. 또 밥상 차리는 방법이나 이 닦는 순서 등의 간단한 절차문도 직접 정리해 보도록 도와주세요.

★ 32쪽

허수아비 체조를 할 때 어떤 순서로 해야 하는지를 차례대로 써 놓은 절차문입니다.

★ 33쪽

맛 좋은 샌드위치를 만들려면 어떻게 해야 하는지를 차례대로 써 놓은 절차문입니다.

★ 34쪽

유치원에 오면 무슨 일을 어떤 순서로 해야 하는지를 차례대로 써 놓은 절차문입니다.

★ 35쪽

용변을 볼 때 화장실에서 해야 할 일을 순서에 따라 차례대로 써 놓은 절차문입니다.

★ 36쪽

사탕 기계에서 사탕을 뽑으려면 어떻게 해야 하는지를 차례대로 써 놓은 절차문입니다.

★ 37쪽

모래로 두꺼비 집을 지으려면 어떻게 해야 하는지를 차례대로 써 놓은 절차문입니다.

★ 38쪽

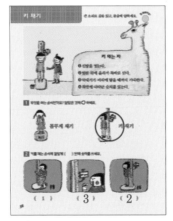

키 재는 자로 정확히 키를 재려면 어떻게 해야 하는지를 차례대로 써 놓은 절차문입니다.

★ 39쪽

화분에 꽃씨를 심으려면 어떻게 해야 하는지를 순서에 따라 써 놓은 절차문입니다.

목록은 서로 관련 있는 것들을 한데 모아 정리해 놓은 글입니다. 4장 목록 편에서는 준비물, 책의 차례, 차림표, 날씨 예보 등 아이들이 일상생활 속에서 많이 보는 목록을 다루었습니다. 목록을 독해할 때에는 어떤 내용이 담겨 있는지, 어디에서 볼 수 있는지, 무엇을 알려 주는지를 파악하는 것이 중요합니다. 다양한 독해 문제를 풀어 보면서 목록의 특징에 따라 중심 내용을 파악하게 지도해 주세요. 또 보고 싶은 텔레비전 프로그램, 오늘의 할 일 등 간단한 목록을 아이 스스로 짜 보도록 이끌어 주세요.

★ 42쪽

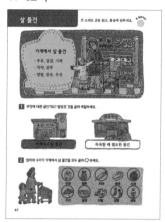

우유, 달걀, 치약, 샴푸 등 가게에 갔을 때 사야 할 물건을 한데 모아 놓은 목록입니다.

★ 43쪽

옷, 봉지, 장화, 장갑 등 갯벌 체험을 갈 때 필요한 준비물을 한데 모아 놓은 목록입니다.

★ 44쪽

아빠와 함께 춤추기, 왕관 만들기 등 아빠 참여 수업 때 할 일을 시간별로 정리한 목록입니다.

★ 45쪽

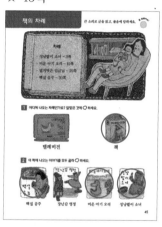

성냥팔이 소녀, 미운 아기 오리, 벌거벗은 임금님 등 책의 차례를 한데 모아 놓은 목록입니다.

★ 46쪽

떡볶이, 고기만두 등 음식점에서 파는 음식 종류와 가격을 차림표에 모아 놓은 목록입니다.

★ 47쪽

날씨 예보를 할 때 오늘, 내일, 모레의 날씨가 어떠할지 한데 모아 써 놓은 목록입니다.

★ 48쪽

극장에서 각 영화관마다 어떤 영화를 하고 있는지 한데 모아 알려 주는 목록입니다.

★ 49쪽

집에서 텔레비전을 볼 때 지키기로 약속한 내용을 한데 모아 써 놓은 목록입니다.

해답 · 부모 가이드

설명서는 어떤 것에 대한 자세한 내용이나 사용법을 알기 쉽게 써 놓은 글입니다. 5장 설명서 편에서는 세발자전거와 꼬마 책상, 점토 놀잇감 등 아이들이 많이 이용하는 물건의 설명서를 다루었습니다. 설명서를 독해할 때에는 어떤 내용이 담겨 있는지, 사용 방법이 어떻게 되는지를 파악하는 것이 중요합니다. 다양한 독해 문제를 풀어 보면서 설명서의 특징에 따라 중심 내용을 정확히 파악하도록 지도해 주세요. 또 주위에서 쉽게 볼 수 있는 설명서에 아이가 관심을 갖도록 이끌어 주세요.

★ 52쪽

세발자전거를 사용할 때 어떻게 해야 하는지를 하나하나 자세히 써 놓은 설명서입니다.

★ 53쪽

장난감 마이크를 켜는 법, 노래가 나오는 법 등 마이크 사용법을 알려 주는 설명서입니다.

★ 54쪽

장난감 사진기에 달린 단추가 어떤 기능을 하는지 자세히 알려 주는 설명서입니다.

★ 55쪽

꼬마 책상을 어떻게 사용하면 좋은지에 대해 하나하나 자세히 알려 주는 설명서입니다.

★ 56쪽

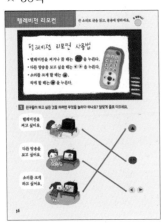

텔레비전 리모컨에 달린 단추가 어떤 기능을 하는지 자세히 알려 주는 설명서입니다.

★ 57쪽

점토 놀잇감을 재미있고 효과적으로 사용하려면 어떻게 해야 하는지 알려 주는 설명서입니다.

★ 58쪽

컬러 칠판을 잘 사용하려면 어떻게 해야 하는지를 자세히 알려 주는 설명서입니다.

★ 59쪽

엘리베이터를 탔을 때 어떻게 해야 하는지를 자세히 알려 주는 설명서입니다.

1단계 **1** 생활글

되짚어 보기

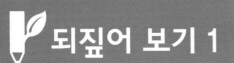

소담아,
어제 아기 고양이가 새로 생겼어.
몸은 새하얗고, 두 귀는 까매.
진짜 귀여워.
우리 집에 놀러 오면 보여 줄게.

미영이가

1 누가 소담이에게 보낸 쪽지인가요? 알맞게 줄로 이으세요.

 미영 •

 민지 •

• 소담

2 아기 고양이는 어떤 모습인가요? 알맞은 것에 ◯ 하세요.

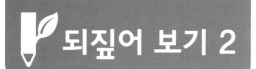

산책로 안내문

• 여기서부터 산책로입니다.
• 자동차는 들어갈 수 없습니다.
• 자전거는 세워 놓고 가세요.

1 어디에서 볼 수 있는 글인가요? 알맞은 것에 ◯ 하세요.

산책로

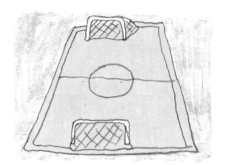

축구장

2 산책로를 바르게 이용하는 사람에 ◯ 하세요.

걸어가요.

자동차를 타고 가요.

자전거를 타고 가요.

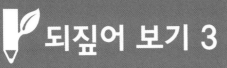
큰 소리로 글을 읽고, 물음에 답하세요.

체온계

① ● 을 눌러 숫자를 0으로 만든다.

② 끝 부분을 귓속에 넣는다.

③ '삐' 소리가 나면, 빼내어 숫자를 읽는다.

1 무엇을 사용하는 순서인가요? 알맞은 것에 ◯ 하세요.

시계

체온계

2 체온계를 사용할 때 가장 마지막에 해야 할 일의 ◯ 안을 색칠하세요.

숫자를 0으로 만든다.

귓속에 넣는다.

숫자를 읽는다.

인기 아이스크림

• 달콤한 초코 아이스크림
• 부드러운 바나나 아이스크림
• 새콤한 포도 아이스크림

1 어디에서 볼 수 있는 글인가요? 알맞은 것에 ◯ 하세요.

옷 가게

아이스크림 가게

2 인기 아이스크림을 모두 골라 ◯ 하세요.

초코 아이스크림

바나나 아이스크림

딸기 아이스크림

포도 아이스크림

바람개비 머리띠 사용법

* 머리띠가 크면 양 끝을 잡고 오므린다.
* 머리띠가 작으면 양 끝을 잡고 벌린다.
* 바람개비를 돌리려면 뛰어간다.
* 별에 불이 들어오게 하려면 을 누른다.

1 별에 불이 들어오게 하려면 어떻게 해야 하나요? 알맞은 것을 골라 ○ 안을 색칠하세요.

양 끝을 잡고
오므린다.

뛰어간다.

을 누른다.

★ 되짚어 보기 1

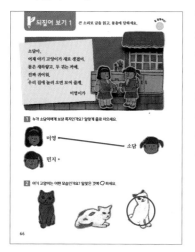

미영이가 소담이에게 보낸 쪽지로, 새로 기르게 된 아기 고양이에 대해 이야기하고 있습니다. 누가 누구에게 보낸 쪽지인지, 어떤 내용이 쪽지에 써 있는지를 알아보며 쪽지의 중심 내용과 세부 내용을 파악하는 독해 활동을 합니다.

★ 되짚어 보기 2

산책로를 이용할 때 주의해야 할 점을 써 놓은 안내문입니다. 안내문을 어디에서 볼 수 있는지, 산책로를 바르게 이용하는 사람을 알아보며 안내문의 중심 내용을 파악하는 독해 활동을 합니다.

★ 되짚어 보기 3

체온계를 어떻게 사용하면 되는지를 순서에 따라 차례대로 써 놓은 절차문입니다. 무엇을 사용하는 순서인지, 체온계를 사용할 때 가장 마지막에 해야 할 일은 무엇인지 알아보며 세부 내용을 파악하는 독해 활동을 합니다.

★ 되짚어 보기 4

사람들에게 인기 있는 아이스크림을 써 놓은 목록입니다. 어디에서 볼 수 있는 글인지, 어떤 것이 인기 아이스크림인지 알아보면서 목록의 중심 내용을 파악하는 독해 활동을 합니다.

★ 되짚어 보기 5

바람개비 머리띠를 사용하는 방법에 대해 자세히 알려 주는 설명서입니다. 별에 불이 들어오게 하려면 어떻게 해야 하는지를 알아보면서 설명서의 세부 내용을 파악하는 독해 활동을 합니다.